LIDERAZGO
PRODUCTIVO

JA PÉREZ

Liderazgo Productivo

Keen Sight Books

Puede encontrarnos en la red en: www.KeenSightBooks.com
Reportar errores de imprenta a errata@keensightbooks.com

ISBN: 978-1-947193-05-5

Printed in the U.S.A.

*este manual es dedicado a todos los
líderes que laboran con nosotros
en nuestra querida América*

Contenido

Esta literatura

Esta serie intenta comunicar al alumnado, doce columnas básicas elementales, necesarias para establecer los fundamentos sólidos sobre los cuales reposa el liderazgo sano.

No son éstos los únicos principios o conceptos que regulan la formación de un líder, sin embargo, estas doce áreas cubiertas en el libro, establecerán una buena base sobre la cual edificar.

Misión de la *Escuela de Liderazgo Internacional*

Levantar, equipar y enviar líderes de estatura, probados y consagrados, con visión global —listos para sentarse a la mesa con aquellos que moldean culturas, influyen decisiones y diseñan las ideas que dirigen el curso de vida en sus respectivos países.

¿Cómo lo hacemos?

A éstos procuramos proporcionar principios culturalmente sensitivos en un contexto internacional y ésto en sesiones exclusivas —todo en un marco de tiempo que líderes realmente ocupados pueden manejar.

Impacto a largo plazo

Líderes se han de formar con una mentalidad de impacto a largo plazo. Asegurando que la experiencia adquirida por los mismos se transmita de manera exponencial, a medida que se comprometen a influir a otros líderes y comunidades.

1

Liderazgo Productivo

Las herramientas y estrategias espirituales que nos impulsarán a gobernar y ser productores de la cosecha más grande de la historia

La Cosecha más Grande de la Historia

> *Y será predicado este evangelio del reino en todo el mundo, para testimonio a todas las naciones; y entonces vendrá el fin.*
> *Mateo 24:14*

Antes de llegar al fin, la Biblia promete gran cosecha (cantidad sin precedentes) de almas viniendo al conocimiento del evangelio.

Será predicado este evangelio del reino en todo el mundo, para testimonio a todas las naciones; y entonces vendrá el fin.

Los preteristas dirán que ya el evangelio fue predicado a todas las naciones usando el texto del mismo Pablo.

> *...con potencia de señales y prodigios, en el poder del Espíritu de Dios; de manera que desde Jerusalén, y por los alrededores hasta Ilírico, todo lo he llenado del evangelio de Cristo. Romanos 15:19*

Y sí. Pablo llenó el mundo conquistado por el imperio romano con el Evangelio de Cristo y Cristo "pudo" haber regresado por segunda vez inmediatamente después que Pablo llenó el mundo con el evangelio (algunos podrían argumentar). Yo mismo he meditado mucho sobre ese texto en años pasados, sin embargo note estos dos razonamientos:

1- Cristo no vino (por segunda vez) en ese entonces, y después de ese tiempo la población mundial explotó en crecimiento

Según fueron naciendo más personas, más tenían necesidad de oír el Evangelio. Si usted revisa la presente población mundial, hoy en día existen lugares (pueblos, aldeas) donde el Evangelio no ha llegado por primera vez. Inclusive, yo he encontrado personas dentro de ciudades grandes que nunca habían oído el Evangelio por primera vez (y existen cápsulas dentro de países desarrollados donde la subcultura es tan fuerte y aislada que muchos todavía no han escuchado el Evangelio). Quizá sí han oído religión, pero no el Evangelio.

2- Pablo nunca llegó a España

> *...cuando vaya a España, iré a vosotros; porque espero veros al pasar, y ser encaminado allá por vosotros, una vez que haya gozado con vosotros. Romanos 15:24*

> *Así que, cuando haya concluido esto, y les haya entregado este fruto, pasaré entre vosotros rumbo a España. Romanos15:28*

Pablo tuvo el deseo de ir a España, pero no hay récords de que jamás haya llegado.

Sabemos que España tuvo mucha religión. De hecho, fueron los reyes católicos los que financiaron el descubrimiento y conquista del nuevo mundo (nosotros), pero religión y Evangelio no es lo mismo.

Nuestros pueblos heredaron idolatría, superstición, y tradiciones religiosas junto a mucho engaño y explotación en el nombre de Dios... pero no fue hasta siglos recientes que misioneros comenzaron a llegar a las Américas.

Tiempo de Latinoamérica

Ahora es el tiempo de Latinoamérica. Hemos sido los últimos en llegar, pero hoy todo está cambiando, y en esta hora es Latinoamérica la potencia conjunta donde Dios se está moviendo y somos los latinos los que estamos experimentando el más grande crecimiento en palabra en el mundo entero.

La explosión de crecimiento y la manera en que los gobiernos en Latinoamérica se han abierto a la predicación del evangelio en sus ciudades y provincias es un fenómeno sin precedentes. Y no solo eso. La balanza de poder (aun en los mercados financieros) se ha inclinado a favor del sur (más sobre esto en nuestro libro El Fin: Estado Profético de las Naciones).

Nosotros en el ministerio hemos comenzado a experimentar

esto que Dios está haciendo y sabemos que esto es parte de la gran cosecha que viene antes del fin de los tiempos.

La pregunta es... ¿Cómo podemos ser productores de frutos en el desarrollo de esta gran cosecha?

Comencemos por los modelos.

2

Modelos
Diseñando los modelos que aceleran la cosecha global

Cuando (por la gracia de Dios) cumplimos veinte y cinco años en el ministerio, comencé a darme cuenta que los métodos que por años habíamos usado en el evangelismo ya no eran tan efectivos como al principio.

Nuevos Modelos

Nuestro formato tradicional de cruzadas había ya caducado. El mundo había girado y todos se habían dado cuenta menos yo "el evangelista". La manera en que hacíamos las cosas en los años ochenta y a principios de los noventa había dejado de ser funcional.

En dos décadas una nueva generación había crecido virtualmente delante de nuestros ojos. La cultura había desarrollado nuevas formas de comunicación y las nuevas tecnologías estaban dictando la manera en que los seres humanos expresan sus necesidades y prioridades.

Como ministerio, debíamos actualizarnos, o quedaríamos obsoletamente fuera del panorama, frustrados por la inhabilidad de poder alcanzar almas para Cristo.

Un principio ha siempre permanecido bien claro en mi mente: *"El Evangelio es y ha sido el mismo durante los últimos dos mil años, sin embargo, las formas de presentarlo deben ser relevantes a cada generación"*.

Comencé a ver como la juventud universitaria en Latinoamérica responde a diferentes formas de expresiones culturales, y cómo el arte ha sido abrazado por esta nueva generación de habla hispana.

Tiempo de colgar las corbatas

Yo vengo de una escuela muy conservativa.

En mis días de líder juvenil y primeros años de evangelista itinerante, era casi un sacrilegio predicar sin corbata. Recuerdo una ocasión en la que no me permitieron subirme al púlpito por no traer la corbata correctamente.

Por años siempre me regalaron corbatas donde quiera que iba y mi colección creció. Creo que la última vez que conté, había fácilmente más de cien corbatas en mi closet.

Quizá esto no sea muy importante, pero muy significativo. Yo todavía uso corbatas si la ocasión lo requiere.

Sin embargo es muy representativo de la generación a quienes predicamos, que la manera de vestir no es ya tan importante.

Esta generación está más preocupada por lidiar con líderes auténticos, genuinos, con legitimidad en palabras y sentimientos.

Traigas un sombrero o una gorra en la cabeza... eso no es importante. Lo importante es lo real que un ministro sea conforme al mensaje que este diga anunciar.

Cambiando

Nuestros modelos de evangelismo comenzaron a cambiar, y esto ha sido un proceso bien fluido.

No nos sentamos y dijimos: *"Ahora vamos a hacerlo así"*.

Más bien ha sido una transición casi inconsciente.

Nos hemos dejado guiar por el Espíritu de Dios, y hemos visto que el modelo de evangelismo se ha ido adaptando a la necesidad de cada nación y cultura. Arte y cultura ahora forman parte activa de nuestros eventos.

Veamos este principio de adaptación en las palabras de Pablo.

> *Por lo cual, siendo libre de todos, me he hecho siervo de todos para ganar a mayor número.*
>
> *Me he hecho a los judíos como judío, para ganar a los judíos; a los que están sujetos a la ley (aunque yo no esté sujeto a la ley) como sujeto a la ley, para ganar a los que están sujetos a la ley; a los que están sin ley, como si yo estuviera sin ley (no*

estando yo sin ley de Dios, sino bajo la ley de Cristo), para ganar a los que están sin ley.

Me he hecho débil a los débiles, para ganar a los débiles; a todos me he hecho de todo, para que de todos modos salve a algunos. 1 Corintios 9:19-22

El mensaje ha permanecido igual por dos mil años, pero los métodos y modelos que usamos para comunicar las buenas noticias debe adaptarse de una manera relevante a cada generación y grupo étnico.

3

La mente orientada a frutos

Los frutos son importantes. Es importante que cuando comencemos un proyecto nuestra mente esté enfocada en qué es lo que se quiere lograr como resultado de todo el esfuerzo que se invertirá en el mismo.

Tener el fin en mente, no con el objetivo de estar presionados y perdamos la oportunidad de disfrutar el proceso —de cierto, es muy fácil que se pierda el gozo del proceso de un proyecto por la presión de llegar a las metas que nos imponemos. Sin embargo, es importante que en todo proyecto tengamos presente cuál es el fruto que perseguimos lograr.

La mente de Dios está orientada a frutos

Sí. Así es. Dios es el creador del concepto de productividad. Leámos detenidamente la parábola de los talentos.

> *Porque el reino de los cielos es como un*
> *hombre que yéndose lejos, llamó a sus*

siervos y les entregó sus bienes. A uno dio cinco talentos, y a otro dos, y a otro uno, a cada uno conforme a su capacidad; y luego se fue lejos. Y el que había recibido cinco talentos fue y negoció con ellos, y ganó otros cinco talentos.

Asimismo el que había recibido dos, ganó también otros dos. Pero el que había recibido uno fue y cavó en la tierra, y escondió el dinero de su señor.

Después de mucho tiempo vino el señor de aquellos siervos, y arregló cuentas con ellos.

Y llegando el que había recibido cinco talentos, trajo otros cinco talentos, diciendo: Señor, cinco talentos me entregaste; aquí tienes, he ganado otros cinco talentos sobre ellos.

Y su señor le dijo: Bien, buen siervo y fiel; sobre poco has sido fiel, sobre mucho te pondré; entra en el gozo de tu señor.

Llegando también el que había recibido dos talentos, dijo: Señor, dos talentos me entregaste; aquí tienes, he ganado otros dos talentos sobre ellos.

Su señor le dijo: Bien, buen siervo y fiel; sobre poco has sido fiel, sobre mucho te pondré; entra en el gozo de tu señor.

Pero llegando también el que había recibido un talento, dijo: Señor, te conocía que eres hombre duro, que siegas donde no sembraste y recoges donde no esparciste; por lo cual tuve miedo, y fui y escondí tu talento en la tierra; aquí tienes lo que es tuyo.

Respondiendo su señor, le dijo: Siervo malo y negligente, sabías que siego donde no sembré, y que recojo donde no esparcí. Por tanto, debías haber dado mi dinero a los banqueros, y al venir yo, hubiera recibido lo que es mío con los intereses.

Quitadle, pues, el talento, y dadlo al que tiene diez talentos.

Porque al que tiene, le será dado, y tendrá más; y al que no tiene, aun lo que tiene le será quitado. Mateo 25:14-29

Parecería injusto que se le dé al que tiene más. Con la modernas tendencias socialistas que vivimos en nuestro continente cualquiera podría protestar y decir: —Es más justo dar al que no tiene.

Y sí. Dar al que no tiene es un acto noble.

Dar a los pobres es una bendición, nosotros en la asociación nos esforzamos por mantener programas humanitarios que beneficien directamente a los pobres. Pero dar a los pobres y ocuparnos de los necesitados pertenece al área de altruismo no al área de inversión y productividad.

Altruismo e inversión productiva son dos cosas diferentes.

En actividades humanitarias o altruistas quienes están envueltos dan para beneficiar a quien tiene menos.

En actividades empresariales, el éxito de la actividad se mide por los frutos logrados.

En la parábola de los talentos, Jesús está enseñando principios de productividad y multiplicación.

Note el final:

> *Porque al que tiene, le será dado, y tendrá más; y al que no tiene, aun lo que tiene le será quitado. Mateo 25:29*

En otras palabras... el que fue diligente e hizo algo con lo que puse en sus manos, merece tener mayor recompensa*.

Hoy en día podríamos llamarle principios de libre empresa, o mercados libres.

---

*Estaré ampliando sobre este principio expuesto en la parábola de los talentos en *Liderazgo y Capital Influyente* dónde tocaremos a más profundidad lo que yo llamo concepto de *Recompensa al Incremento*.

4

Recompensa al que produce

Cuando desarrollamos proyectos con mente empresarial, debemos tener siempre en mente los frutos.

> *Los pensamientos del diligente ciertamente tienden a la abundancia...*
> *Proverbios 21:5*

Principios de productividad

Si todos corren, nadie corre

> *Otro de sus discípulos le dijo: Señor, permíteme que vaya primero y entierre a mi padre. Jesús le dijo: Sígueme; deja que los muertos entierren a sus muertos.*
> *Mateo 8:21,22*

Para ser útiles y efectivos en el reino, debemos ser líderes con prioridades claras.

No puedes delegar autoridad a alguien que no ha definido bien sus prioridades.

Tenemos la poderosa frase: *"Cuando caminas todos caminan contigo, cuando corres algunos corren contigo, pero cuando vuelas, vuelas solo"* (éste último está reservado para las águilas que alcanzan grandes alturas).

> *Principio: En el liderazgo, la definición de prioridades determina quienes correrán contigo.*

Un líder productivo discierne lo que es importante

> *Si todo es importante, nada es importante*

> *Principio: El arte de "quitar" aquello que no funciona es una cualidad indispensable de líder.*

> *...todo árbol que no da buen fruto es cortado y echado en el fuego. Mateo 3:10*

Un líder productivo aprovecha bien el tiempo

Todos daremos cuenta en cuanto a lo que hicimos con nuestro tiempo.

> *Porque es necesario que todos nosotros comparezcamos ante el tribunal de Cristo, para que cada uno reciba según lo que haya hecho mientras estaba en el cuerpo... 2 Cor 5:10*

La palabra *"mientras"* indica *"tiempo"*.

> *...aprovechando bien el tiempo, porque los*
> *días son malos. Ef 5:16*

Para usar sabiamente nuestro tiempo debemos aprender a separar las cosas que son importantes de las que no lo son.

Un líder productivo delega lo importante

> ***Principio:*** *Si crees que todo es importante,*
> *jamás podrás completar nada.*

Haz tu lista, completa lo que es más importante.

Cuando preparas tu día, pon todo en una lista (to-do list), luego marca las prioridades entre las cosas que son importantes. Completa lo más importante de lo importante, el resto delégalo.

Por qué delegar lo que es importante

Quizá has oído decir: *"Haz lo importante y delega el resto"*. Ésto es un concepto erróneo.

Si delegas las cosas que no son importantes, mantendrás atada la inteligencia de quienes te ayudan en cosas que al final no producirán fruto.

Además de que esto es una falta de respeto a aquellos que tienen grandes habilidades, estarás perdiendo precioso recurso humano.

Entonces, no separes el orden de cosas a delegar basándolo en lo que es o no es importante.

Delega conforme a talentos

Como dije anteriormente. Delega conforme a talentos. Deja que tu equipo maneje cosas importantes, pero delega todo conforme al talento natural.

Plan de Trabajo

Medite en lo leído y use los espacios debajo para completar su tarea.

Si usted ha usado la versión digital de este material y lo ha tomado como curso, puede someter las respuestas electrónicamente para calificación a la siguiente dirección:

eli@japerez.com

Incluya en su correspondencia:

    1- Título de este manual

    2- Su nombre y apellidos completos

Alternativamente lo puede enviar por correo tradicional a:

Escuela de Liderazgo Internacional

P.O. Box 211325

Chula Vista, CA 91921 U.S.A.

¿Cómo podemos ser productores de frutos en el desarrollo de esta gran cosecha?

Explique en qué consiste el *principio de adaptación* conforme a *1 Cor 9:19-22*

Explique la diferencia entre altruismo e inversión productiva.

¿Qué determina la definición de prioridades en el liderazgo?

¿Por qué un buen líder delega lo que es importante?

Principios aprendidos en este manual:

_____

_____

_____

_____

_____

_____

_____

_____

_____

Textos o frases a memorizar:

_____

_____

_____

_____

_____

_____

_____

_____

_____

_____

_____

_____

Ajustes que debo hacer a mi manera de pensar:

_____

_____

_____

_____

_____

_____

_____

_____

Otras notas:

_____

_____

_____

_____

_____

_____

_____

_____

_____

_____

_____

Formando líderes con
mente de reino

Con más de treinta y cinco años de ministerio, y una reconocida trayectoria internacional, que incluye estrechas relaciones con economistas, dignatarios y aquellos que moldean las culturas presentes en las naciones, el autor ha mostrado ser una autoridad en la materia de formar líderes.

Escritor, humanitario, moldeador de culturas y precursor de movimientos de cosecha en América Latina. Su mensaje atraviesa generaciones, culturas y naciones. Ha escrito varios libros y asiste a intelectuales, así como a iletrados, en la adquisición de destrezas esenciales y soluciones pragmáticas para comunicar esperanza con valentía en entornos complejos, y a veces hostiles.

Sus concentraciones masivas y misiones humanitarias han atraído grandes multitudes durante años guiando a miles a una relación personal con Jesucristo.

Él, su esposa y sus tres hijos, viven en un suburbio de San Diego en California, desde donde se coordinan todos los eventos de la asociación que lleva su nombre.

Trabajo de JA Pérez con líderes de Latinoamérica
Cuando una ciudad o provincia es impactada, con
frecuencia gobernantes y líderes nacionales —senadores
y congresistas— asisten al evento y reconocen el
movimiento, pero los frutos mayores del proyecto
completo son las miles de vidas que son transformadas
por el poder del evangelio. Ese es el principal propósito
de todo — comunicar las buenas noticias de Cristo.

Líderes con visión global

Los líderes que equipamos en las Américas, son quienes sostienen y dan seguimiento a movimientos de cosecha cada vez que concluye un proyecto a nivel ciudad. Ya equipados para comunicar el evangelio de una manera relevante y culturalmente sensitiva, estos corren con la comisión de hacer discípulos en cada generación y grupo étnico en todas las esquinas del continente.

Otros libros por JA Pérez

JA Pérez ha escrito más de 50 libros y manuales de entrenamiento. Todos sus libros están disponibles en Amazon.com así como en librerías y tiendas mundialmente. Libros con temas para la familia, empresa, liderazgo, economía, profecía bíblica, devocionales, inspiracionales, evangelismo y teología.

Serie Líderes

Esta serie está compuesta por doce manuales, con ejercicios y espacios para notas y tareas, de manera que el alumnado pueda recordar y poner en práctica cada uno de los principios aprendidos.

Los principios comprendidos en estos doce manuales también se encuentran en el libro *12 Fundamentos de Liderazgo* para ser usado en lectura regular.

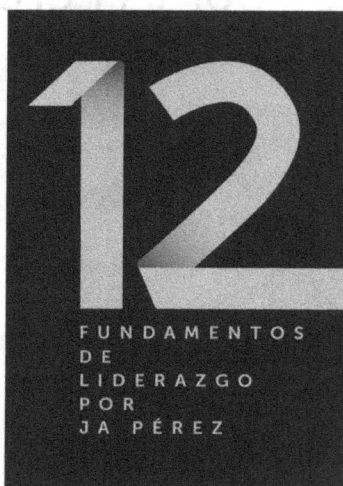

FUNDAMENTOS
DE
LIDERAZGO
POR
JA PÉREZ

LIDERAZGO
IRREVOCABLE

JA PÉREZ

LIDERAZGO
INTELIGENTE

JA PÉREZ

LIDERAZGO
y CONSORCIOS

JA PÉREZ

LIDERAZGO
y GOBIERNOS

JA PÉREZ

LIDERAZGO
PRODUCTIVO

JA PÉREZ

LIDERAZGO
y CAPITAL INFLUYENTE

JA PÉREZ

LIDERAZGO
INSPIRACIONAL

JA PÉREZ

LIDERAZGO
TRANSPARENTE

JA PÉREZ

LIDERAZGO
y SISTEMAS

JA PÉREZ

LIDERAZGO
y DESARROLLOS

JA PÉREZ

LIDERAZGO
INVISIBLE

JA PÉREZ

LIDERAZGO
y LEGADO

JA PÉREZ

Series Conferencias

Discipulado para Nuevos Creyentes y Estudios de Grupos

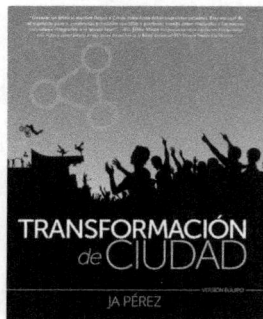

Liderazgo, Gobierno y Diplomacia

Inspiración y Creatividad en Liderazgo

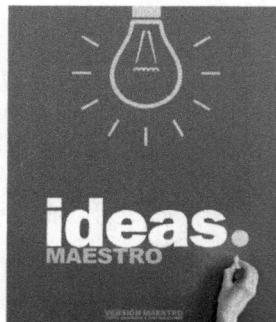

Temas Varios

Crecimiento Espiritual, Principios de Vida y Relaciones — Recientes

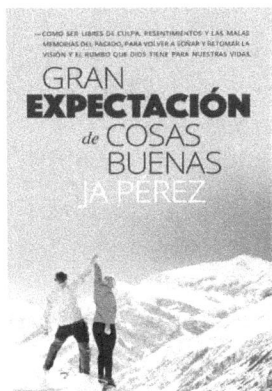

GRAN **EXPECTACIÓN** de COSAS BUENAS
JA PÉREZ

FELIZ
JA PÉREZ
LIBRO INTERACTIVO

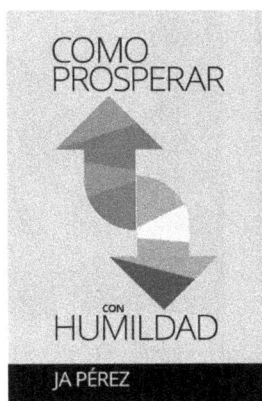

COMO PROSPERAR
CON HUMILDAD
JA PÉREZ

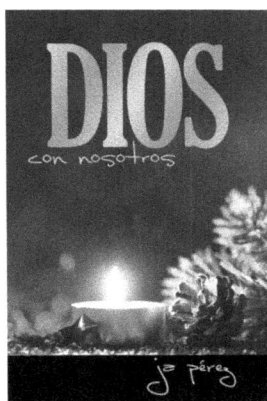

DIOS con nosotros
ja pérez

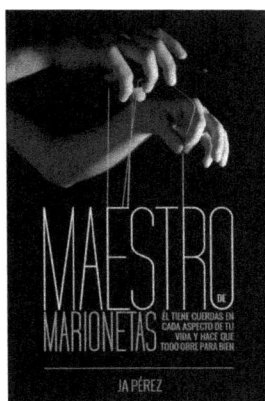

MAESTRO DE MARIONETAS
JA PÉREZ

Profecía Bíblica

Teología

40 PROFECÍAS CUMPLIDAS
J.A. PÉREZ

EL FIN
ESTADO PROFÉTICO DE LAS NACIONES
J.A. PÉREZ

GRACIA SOBERANA
SU SACRIFICIO fue SUFICIENTE
JA PÉREZ

Evangelismo y Colaboración

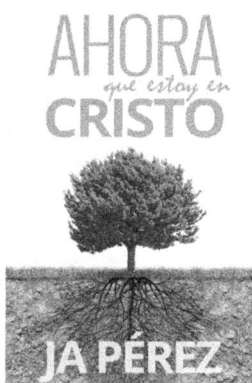

AHORA
que estoy en
CRISTO

JA PÉREZ

COMO
COMPARTIR
LAS
BUENAS
NOTICIAS

JA PÉREZ

Cosecha
EVANGELISMO
EFECTIVO

JORGE ARMANDO PÉREZ VENÂNCIO

JA PÉREZ
EVANGELISTIC ASSOCIATION

JUNTOS
XEL
CONTINENTE

JA PÉREZ

JUNTOS
XEL
CONTINENTE
VERSION: PASTORES

JA PÉREZ

Festivales y
Concentraciones

Juntos En la Jornada

Festivales y
Concentraciones

Juntos En la Cosecha

JUNTOS

Festivales y
Concentraciones

Juntos Concejo
Internacional

Devocionales

Ficción, Historietas

Crecimiento Espiritual, Principios de Vida y Relaciones — Clásicos

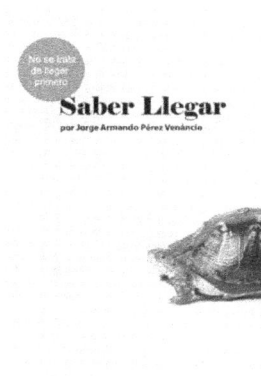

NOW

THE URGENCY AND THE KEY
TO REACH THIS GENERATION
WITH THE MESSAGE OF CHRIST

English

Evangelism and Collaboration

COLLAB
ORATION

YOUR
KINGDOM
OR HIS
KINGDOM

COLLABORATION
101
for EVANGELISTS

COLLABORATION
101
for CHURCHES

9
BASIC
PRINCIPLES *of*
COLLABORATION
for EVANGELISTS

JA PÉREZ

Festivals and
Celebrations

Together | Collaborate

Festivals and
Celebrations

Together | International
Council

Contacte /siga al autor

Blog personal y redes sociales

japerez.com

@japereznow

facebook.com/japereznow

Asociación JA Pérez

japerez.org

Keen Sight Books

www.ingramcontent.com/pod-product-compliance
Lightning Source LLC
Chambersburg PA
CBHW072056040426
42447CB00012BB/3141